Fabienne Catelin

Bélier

LES COUPLES ASTROLOGIQUES
**Quel partenaire est fait vraiment pour vous amis
BELIER**

FC Editions

1

Graphisme de la couverture : Jean-Marc Vignolo
Textes : Fabienne Catelin

Dépôt légal : février 2019
ISBN : 978-2-9557854-3-0
Copyright 2019 : Fabienne Catelin

Lors d'une rencontre sentimentale, nous avons toujours pour habitude de montrer le meilleur de nous-même, ce qui n'est peut-être pas toujours le reflet de la réalité. Nous avons tous des défauts que nous nous efforçons de dissimuler afin de ne pas passer à côté de la bonne personne. Mais, en réalité et au fil des mois, nous découvrons parfois que ce que nous vivons ne correspond pas à ce que nous attendions. Aussi et afin de vous aider à mieux comprendre votre partenaire, j'ai dressé pour vous des portraits amoureux en fonction de vos signes respectifs. Vous pourrez ainsi avoir une idée bien plus précise de ce qui vous attend et de la manière dont vous devez ou pouvez agir pour que votre relation puisse connaitre une belle histoire ou prenne un nouveau départ.

LE BELIER

Ce signe s'étend du 20 ou 21 mars au 20 avril, cela veut dire que le soleil traversera le Bélier durant ces dates. Cela correspond à l'équinoxe du printemps, qui est l'instant de l'année où le soleil change d'hémisphère céleste et traverse le plan équatorial terrestre. A cette date, le soleil passe alors au zénith sur cet équateur céleste.

Le Bélier est un signe de Feu, dit signe Cardinal, masculin. Il est le début de toutes choses, il est le progrès, l'initiative, la découverte. Il représente l'autorité, le chef, celui qui guide et qui conduit ses troupes, celui qui n'admet que difficilement la faiblesse, celui qui dévore la vie avec passion et véhémence et qui n'a jamais peur de partir à l'aventure, quel que soit le contexte. Il est un peu tête brulée mais sans cela, il ne serait pas Bélier. Il mène sa vie comme ses amours, avec passion et fougue. Il trouve parfois son maitre mais le plus souvent il reste le seul à décider, le seul à choisir qui fera partie de sa vie. Nous allons le découvrir…

Madame Bélier face aux hommes du zodiaque

Madame BELIER face à Monsieur BELIER

Rien n'est facile ici, car nous allons retrouver deux signes identiques, qui pourtant auront tendance à réagir avec chacun leur sensibilité et surtout leurs convictions. Mme Bélier n'est pas femme à recevoir des ordres mais Mr Bélier est homme à en donner. Ce qui aura pour effet de créer entre eux des relations plutôt explosives non exemptes de reproches, de critiques et de mauvaise foi. Mr Bélier, s'il vous aime, aura besoin de vous modeler à son image car il ne doit pas, pour lui, en être autrement. Et il éprouvera toujours un certain mal à accepter que vous ne puissiez le supporter, lui qui peut se montrer si généreux avec vous, si vous acceptez de faire ce qu'il a décidé. Mais Mme Bélier peut ne pas l'entendre de cette oreille car elle revendique d'être une femme libre et indépendante, qui semble très fortement détester que l'on puisse lui dicter ce qu'elle a à faire, et Mr Bélier ne mettra pas très longtemps à le comprendre. Mme Bélier n'hésitera jamais à le mettre face à ses propres défauts, se délectant parfois de son acidité.

Mr Bélier est généralement un sexuel qui a besoin de sentir que dans ce domaine aussi, il est le dominant. Toutefois, Mme Bélier pourra lui faire découvrir des moments fougueux et pour le moins inattendus, qu'il saura apprécier comme il se doit. Il peut s'installer ici une forte complicité qui compensera allègrement les moments difficiles de leur relation et de leur caractère impétueux. La sexualité n'efface pas toutes les difficultés quotidiennes, mais entre ces deux-là, elle peut venir sublimer les accrocs constants d'une relation plutôt compliquée. D'autant que chacun s'appliquera à satisfaire les besoins de l'autre, et cela à n'importe quel moment du jour ou de la nuit.

Mr Bélier reste un homme de passion et il n'est nullement exclut que celui-ci ne s'adonne à l'infidélité ponctuelle et passagère. Ne cherchez pas pourquoi, car souvent lui-même ne le sait pas non plus mais c'est ainsi. Il aime le changement et la routine l'ennuie, et c'est pour cela qu'il attend de Mme Bélier qu'elle le surprenne fréquemment. Tenez-vous le pour dit.

Dans la vie quotidienne, Mr Bélier reste plus que capable d'assurer les besoins du ménage, ceux de Mme Bélier et ceux de leurs enfants. Toutefois, Mr Bélier n'est pas un grand chanceux et il devra toujours faire de très gros efforts et de très gros sacrifices pour maintenir stable sa situation. Mr Bélier est un innovateur qui peut avoir envie de s'installer à son compte dans une situation nouvelle et même un peu risquée et c'est ici que Mme Bélier doit intervenir. Car, il faut bien le dire, Mme Bélier est tout autant dépensière que Mr Bélier, mais Mme Bélier est capable, pour l'amour de Mr Bélier et pour l'amour de sa progéniture, de s'infliger des sacrifices financiers en mettant de côté l'argent dont ils pourraient avoir besoin en cas de coups durs. Mme Bélier peut aussi réussir l'exploit d'assagir Mr Bélier en le mettant face à ses responsabilités d'homme marié et père de famille. Il s'y pliera de bonne grâce toutefois, car il restera toujours important pour lui d'assurer l'avenir de sa famille.

Mme Bélier n'est, en général, pas très féminine, malgré les efforts qu'elle peut essayer de faire mais son caractère autoritaire peut venir entacher ce qu'elle s'efforce de cacher. Il est conseillé à Mme Bélier, si elle veut garder Mr Bélier, de mettre beaucoup d'eau dans son vin comme dit l'expression populaire. Mr Bélier est parfois capable de s'emporter aussi vivement qu'il peut se calmer et avoir alors des écarts de langage ou des méchancetés à vous jeter à la face. Mme Bélier est sans nul doute, capable de rétorquer mais ce serait surement une erreur car cela ne ferait qu'attiser le brasier à peine affaiblit. Aussi, Mme Bélier devra apprendre à prendre sur elle et à calmer sa colère si elle souhaite une soirée de détente après la tempête.

Aucun des deux ne doit oublier qu'en somme, ils sont de caractère identique d'où des décisions à prendre et des attitudes à adopter pour la réussite de ce couple fougueux et vif, prêt à s'embraser a la moindre étincelle et pas toujours capable de calmer ses ardeurs, ni de faire quelques concessions. Seule Mme Bélier pourrait être plus souple mais attention alors car Mme Bélier peut faire profil bas devant Mr Bélier en exigeant de lui toutefois fidélité et respect, et là, ce n'est pas forcément une mince affaire.

Madame BELIER face à Monsieur TAUREAU

Voici un couple qui doit apprendre à mieux se connaitre et à faire de leur unique point commun une force. En effet, tant sur le plan des idées que sur la façon d'avancer dans la vie, ces deux-là demeurent très différents et seul le sexe peut leur permettre de cimenter leur union.

Mr Taureau est un amant méticuleux et inventif et il aime donner, plaire et faire profiter de sa force physique des heures durant. Mme Bélier est chaleureuse et passionnée et saura grandement apprécier les démonstrations coquines de Mr Taureau.

Cependant, Mr Taureau a sa façon bien à lui de voir les choses et aime avoir le sentiment d'être posé quelque part. Mme Bélier, elle, veut toujours plus et ne sait pas toujours rester en place. Mr Taureau aime les arts et peut y trouver une certaine volupté, Mme Bélier peut les apprécier mais elle peut aussi s'en passer. Mr Taureau a besoin de beaucoup réfléchir, lentement, gravement pendant que Mme Bélier passe ses idées tels des éclairs, ayant toujours le sentiment d'avoir une telle avance sur Mr Taureau !!

Mme Bélier aime dominer, diriger, reformer mais Mr Taureau est sûr de lui, ne laissant personne décider pour lui.

Pour gérer leur quotidien, la chose ne sera pas simple, tant Mr Taureau pourra attendre de Mme Bélier qu'elle s'investisse avec passion dans la tenue de leur maison et dans l'apprentissage des enfants. Mais Mme Bélier, bien que femme de caractère, préfèrera souvent laisser vivre les enfants selon leurs envies plutôt que de les réprimander alors que Mr Taureau aura plutôt tendance à faire preuve de peu de souplesse en matière d'éducation. D'ailleurs, Mr Taureau saura parfaitement faire retomber les erreurs de cette éducation laxiste qui appartient à Mme Bélier en lui faisant part parfois avec grossièreté de son mécontentement. Mr Taureau passera souvent à côté des réelles motivations de Mme Bélier qui, en définitive, n'aura de cesse que de laisser s'épanouir les enfants en leur donnant la possibilité de se montrer plus indépendants et plus autonomes.

En fait, pour satisfaire Mr Taureau, Mme Bélier devra changer mais pas complètement car Mr Taureau aura besoin de la sentir vivre pour mieux exercer son pouvoir, aura besoin de la laisser partir et revenir car c'est ainsi qu'il exercera sa domination. Mais Mr Taureau est exigeant, et parfois peu ouvert d'esprit s'appuyant le plus souvent sur ses propres analyses en les tenant pour exactes alors que Mme Bélier semble plus apte à évoluer sur le plan des idées. Et d'autre part, Mr Taureau n'aime pas vraiment se regarder vivre et s'analyser car s'il le faisait, il serait parfois en proie aux doutes et aux incertitudes, ce qu'il rejette en bloc.

Il est aussi préférable que Mr Taureau et Mme Bélier ne travaillent pas ensemble car ce serait une mésentente quotidienne si aucun des deux ne calme son tempérament ou n'ouvre son esprit. Mme Bélier a sa façon bien à elle de mener ses affaires et son travail et Mr Taureau aurait un certain mal à l'accepter tant il est convaincu que lui seul sait faire correctement les choses. Mme Bélier, devant son intransigeance, deviendrait alors provocatrice et leurs journées seraient sous un ciel orageux permanent.

En somme, pour que fonctionne cette relation et qu'elle soit pleine de promesse, il serait préférable que chacun est une vie bien à lui dans laquelle l'autre n'a pas accès ou tout du moins, un accès limité que chacun autorisera à sa convenance.

Madame BELIER face à Monsieur GEMEAUX

L'air (Mr Gémeaux) rencontre le feu (Mme Bélier), ce qui peut laisser présager quelques étincelles dans cette relation.

Autant Mme Bélier peut être séduite par Mr Gémeaux, autant elle peut vite être lassée par son humeur instable. Car il va s'en dire que Mr Gémeaux prend les choses comme elles viennent et ne fait pas non plus l'effort de s'adapter à ce qu'il n'aime pas. Il laisse son tempérament versatile souvent prendre le dessus sur sa raison d'où parfois de réelles difficultés avec son entourage. Mr Gémeaux est intelligent et intuitif et il a la particularité de très vite comprendre le sens des choses, et cela plait à Mme Bélier. Cependant, il existe chez Mr Gémeaux des moments ou l'instabilité règne en maitre, que cela soit sur le plan intellectuel comme sur le plan sentimental, et cela ne permet pas à Mme Bélier de comprendre l'attitude ct la logique de Mr

Gémeaux. Mr Gémeaux peut s'embraser pour une cause qu'il reniera le lendemain ou tout quitter pour un emploi qu'il ne gardera de toute façon pas. Il aime le changement, cela fait partie de sa nature. Mme Bélier, quant à elle, aime la stabilité.

Egalement, Mme Bélier aime travailler et a toujours besoin d'être active alors qu'à l'inverse, Mr Gémeaux aime parfois prendre le temps, même si cela implique de longs moments de détente. Cela a souvent tendance à exaspérer Mme Bélier qui aime que l'on fasse des choses au lieu de perdre son temps à ne rien faire. Mais Mr Gémeaux, lui, ne fait pas rien, il réfléchit !

Mr Gémeaux est souvent amusant, drôle, curieux de tout et cela séduit Mme Bélier car il n'a pas son pareil pour apporter à Mme Bélier les éléments qui lui manquent dans une conversation.

Toutefois, Mme Bélier trouvera a redire pour tout ce qui concerne les relations intimes car Mme Bélier aime l'amour alors que Mr Gémeaux n'y voit pas toujours une priorité. Une certaine frustration naitra souvent chez Mme Bélier qui pourra se donner le droit d'aller chercher l'amour ailleurs.

Mme Bélier aime aussi dominer et Mr Gémeaux n'a ni Dieu ni maitre, et ne s'en cache pas, ce qui ne peut être qu'un problème entre eux.

Et, il est encore un point à ne pas négliger, qui est de savoir, en réalité, combien de temps Mme Bélier aimera Mr Gémeaux car Mme Bélier est d'un tempérament entier qui n'aime pas les demi-mesures et qui pourra à terme se lasser du comportement de son Mr Gémeaux

Madame BELIER face à Monsieur CANCER

Dans cette relation toute particulière, il faudra composer avec le caractère de chacun et cela peut se révéler quelquefois un peu complexe. La nature feu de Mme Bélier se verra confrontée à celle aquatique de Mr Cancer qui est un signe d'eau, et il est bien connu que l'eau éteint les braises.

Madame Bélier est assez souvent une femme autoritaire et elle semble le faire sans ménagement face à Monsieur Cancer, qui lui, l'est tout autant mais bien plus en y mettant les formes. Cependant, lorsque madame Bélier va trop loin, monsieur Cancer peut faire montre d'une agressivité peu commune. Mr Cancer semble souvent essayer de dire les choses avec modération, ce qui semble agacer Mme Bélier qui saura lui reprocher son manque de vigueur et d'énergie. Pire même, elle pourra parfois même sous-entendre qu'il n'a aucune personnalité. Mais que Mme Bélier ne s'y trompe pas, Mr Cancer à un fort caractère ! Il est aussi capable, grâce à son tempérament, de calmer Mme Bélier lorsque le besoin s'en fait sentir.

Monsieur Cancer est plutôt secret et n'aime guère livrer ce qu'il ressent au plus profond de lui, ce qui agace Madame Bélier qui semble ne pas toujours décrypter Monsieur Cancer. En effet, Monsieur Cancer aime se montrer rebelle et dur alors qu'il est, en réalité, d'une grande tendresse et d'une grande sensibilité mais, comme il éprouve le plus souvent, une forte peur d'être blessé, il arbore une attitude qui n'est jamais vraiment conforme à la réalité. Beaucoup diront souvent de lui que c'est un cachotier ou encore un hypocrite mais il demeure fort capable de vous jeter en pleine face vos quatre vérités si vous allez trop loin. Mr Cancer sait parfaitement prendre les décisions qu'il faut quand il faut et tant qu'il ne dit rien à Mr Bélier, c'est qu'elle a encore une petite chance de le garder.

Autre point possible de discorde, l'attachement au passé de Monsieur Cancer que madame Bélier ne partage guère tant elle est du présent. Cela engendrera de fortes disputes que seul l'amour peut aider à dépasser. Mr Cancer est un nostalgique qui a besoin de replonger dans ses souvenirs pour avancer. Il peut aussi garder des objets qui l'ont rendu heureux, juste pour le plaisir du souvenir et il est fortement déconseillé à Mme Bélier de les lui jeter !

Monsieur Cancer est toutefois capable d'apporter à Madame Bélier la sécurité matérielle qu'elle ne sait pas toujours atteindre tant elle est insouciante et confiante en son lendemain, car Monsieur Cancer sait économiser et gérer au mieux ses biens et ses avoirs, toujours en vue des lendemains difficiles. Madame Bélier aura souvent du mal à l'admettre mais Monsieur Cancer aura souvent raison et le reconnaître sera déjà un grand pas dans cette relation pour Madame Bélier.

Mr Cancer a l'amour du foyer et des enfants et entendra qu'il en soit de même pour Mme Bélier, car Mr Cancer est celui qui se sacrifie pour ses enfants sans jamais se plaindre, espérant qu'il en soit de même pour sa moitié Mme Bélier. Et il s'avèrera que parfois, Mme Bélier se montrera un peu égoïste, ce qui chagrinera fortement Mr Cancer. Il en sera de même pour leur intimité où Mr Cancer sera tout en sensualité, sachant prendre son temps alors que Mme Bélier n'aura de cesse que d'aller au but pour satisfaire ses envies coquines.

En définitive, pour que cette relation puisse évoluer dans le temps, il sera nécessaire que Mme Bélier laisse agir Mr Cancer à sa guise et se montre dévouée à sa petite famille car elle prendra le risque, peut-être, de perdre Mr Cancer au moment où elle s'y attendra le moins.

Madame BELIER face à Monsieur LION

Ici, le feu martien (le Bélier) rencontre le feu solaire (le Lion) et il va s'en dire que cela peut parfois s'avérer un peu explosif. Toutefois, il peut y avoir certains points communs qui peuvent correctement s'accorder et une harmonie de surface peut apparaitre. Pourquoi de surface ? Simplement parce qu'il y aura forcément l'un qui aura l'ascendant sur l'autre. Mr Lion est, le plus souvent, fier, autoritaire, et ambitieux et il aime qu'on l'admire. Aussi, Mme Bélier vous savez ce qu'il vous reste à faire. Si vous voulez conserver l'amour de Mr Lion, il vous faudra lui faire savoir qu'il est votre référence et qu'avec lui, vous êtes prête à tout. Ainsi, vous prendrez peu de risques lorsqu'il sera convoité par d'autres jolies femmes. Car Mr Lion, sensible à l'attrait qu'il inspire, peut ne pas être toujours fidèle. Cependant Mme Bélier n'a rien d'une femme soumise et il sera parfois difficile pour elle d'accorder tous ses égards à son Mr Lion ayant elle-même besoin qu'il lui prête une grande attention.

Mr Lion n'aime guère la médiocrité et il entrainera souvent Mme Bélier vers le haut, la poussant et la stimulant intellectuellement et professionnellement. Il sera alors important que Mme Bélier puisse avoir des projets et des désirs de réussite qui lui permettront d'accéder à une belle situation car tant dans le travail que dans les finances, Mr Lion a besoin de briller et de s'offrir ce qu'il y a de mieux.

Mme Bélier et Mr Lion sont tous deux très actifs et ont tous deux l'esprit en ébullition, d'où un partage plein et entier de certaines activités et de certains objectifs. Chacun permettra à l'autre de se dépasser et ils pourront ainsi construire une famille, point important pour Mme Bélier. Mais Mme Bélier doit veiller à ne pas se complaire seulement dans son rôle de mère car elle pourrait ainsi faire fuir Mr Lion qui n'a que faire d'une mère au foyer. Mr Lion aime les femmes actives et personne n'y peut rien.

Sentimentalement, Mr Lion est exigeant et Mme Bélier aime le sexe d'où une belle harmonie dans ce domaine qui pourra parfois palier aux soucis de caractère qui se feront souvent bien présents. Tous deux ont de puissants tempéraments et il arrivera fréquemment que les mots dépassent leurs pensées.

Madame BELIER face à Monsieur VIERGE

Mme Bélier, en véritable signe de feu, est une boule d'énergie alors que Mr Vierge est plutôt d'une nature tranquille, ce qui risque quelque peu de compliquer leur relation.

Mr Vierge n'aime pas être bousculé et, en général, il aime prendre son temps, ce qui reste l'opposé de Mme Bélier qui est, le plus souvent, dynamique et pleine de surprise, capable d'apporter un vrai tourbillon de folie dans la vie de Mr Vierge.

Mr Vierge est méthodique, à l'inverse de Mme Bélier qui est plutôt désordonnée et dans tous les sens. Mr Vierge, lui, aime accomplir une tache à la fois et met un point d'honneur à la conduire jusqu'à son terme avant d'orienter son énergie vers autre chose. Mme Bélier, elle, n'a pas peur de commencer plusieurs choses à la fois, quitte à en laisser une ou deux en chemin.

Mme Bélier aime l'argent, et aime aussi le dépenser, ce qui contrarie souvent Mr Vierge qui aime thésauriser, ce qui lui permet de préparer son avenir en toute quiétude. D'ailleurs, il est souhaitable pour Mme Bélier qu'elle se laisse porter par Mr Vierge si elle envisage une longue relation avec ce dernier car elle apprendra ainsi à sécuriser ses vieux jours.

Mr Vierge aime réfléchir à toutes sortes de choses alors que Mme Bélier est une femme d'action, qui saura apporter à Mr Vierge tout le piment qui lui manque car elle n'a pas son pareil pour le stimuler et lui donner envie d'avancer.

Cependant, il est à noter que Mr Vierge est assez exigeant et qu'il n'acceptera que difficilement l'à-peu-près de Mme Bélier. Aussi faudra-t-il qu'elle fasse de très nombreux efforts dans l'organisation de sa vie si elle souhaite parvenir à conserver son Mr Vierge. Il en sera de même pour la conduite du ménage où Mr Vierge n'acceptera aucune négligence.

Mme Bélier aime être coquine et Mr Vierge, sous des aspects très réservés sait être un grand amoureux qui aime prendre son temps, ce qui saura à la fois combler et agacer Mme Bélier qui aime tout de même que les affaires amoureuses soient menées bon train.

Madame BELIER face à Monsieur BALANCE

Il semble pouvoir s'agir ici d'une union satisfaisante car il peut exister entre ces deux partenaires, une belle complémentarité. Mr Balance est un amoureux, un sentimental et, malgré son empressement, Mme Bélier éprouvera un certain plaisir à être aimé par cet homme si prévenant qui a rarement un mot plus haut que l'autre.

Mr Balance est, en général, ouvert d'esprit et a de multiples centres d'intérêts parmi lesquels on peut trouver le domaine artistique, la musique, le cinéma, la mode, et bien d'autres encore, ce que Mme Bélier souhaitera partager avec lui car, autrement, elle prendra vite le risque de voir Mr Balance les partager avec d'autres. En effet, Mr Balance bien que fort capable d'attendre que Mme Bélier fasse une avancée dans son monde, ne renoncera pas à celui-ci et pourra finir par se passer de Mme Bélier.

Mme Bélier est de façon fréquente dans la contestation et la provocation alors que Mr Balance reste un pacificateur, ce qui peut devenir essentiel pour Mme Bélier car il n'aura pas son pareil pour la calmer et l'apaiser. Seul Mr Balance saura modérer les tempêtes qui couvent chez Mme Bélier.

Cependant, attention, car Mr Balance sait disparaître si les conflits se font trop forts, et Mr Balance, bien que capable de se laisser influencer par son partenaire juste pour ne pas lui déplaire, peut aussi sortir de votre vie doucement et gentiment au moment où vous penserez le dominer. Mr Balance déteste les conflits et tous les actes violents au plus haut point. Mr Balance a besoin d'harmonie et Mme Bélier devra toujours tenter de faire cet effort si elle souhaite voir évoluer sa relation. Mme Bélier devra apprendre à partager le pouvoir car Mr Balance n'aime pas l'autorité pour l'autorité. Cela pourrait d'ailleurs et contre toute attente, réveiller la part sombre qui réside en lui.

Toutes ces différences de tempérament peuvent en réalité se révéler positives car ils peuvent excellemment se compléter, et Mr Balance saura toujours trouver le moyen d'apaiser Mme Bélier, et cela, en toutes circonstances.

Mr Balance n'aime pas vraiment l'agitation que peuvent provoquer des enfants autour de lui. Aussi il préfèrera souvent que ce soit Mme Bélier qui s'occupe de leur éducation et de leur scolarité, d'autant qu'il pourrait avoir tendance à se montrer un brin laxiste. Mais, pour ce qui est de faire des enfants, il peut ici exceller car c'est un tendre, un sensuel pour qui l'amour charnel n'est pas qu'une promesse.

Madame BELIER face à Monsieur SCORPION

L'amour peut être au rendez-vous, n'en doutez pas, mais il sera de toute les façons tres explosif. Madame Bélier a un fort caractère et aime avoir raison mais elle se trouvera confrontée à un Monsieur Scorpion qui aime la domination et la rigueur, d'où des feux d'artifices réguliers.

Mars est la planète dominante du Bélier mais est aussi celle du Scorpion car la planète s'y trouve en exaltation. De ce fait, il y a dans ce couple, une force, une puissance qui peut tout en même temps le mettre à mal et le rendre orageux mais qui peut aussi engendrer de la passion et de la fougue qui se manifestera le plus souvent au sein de l'alcôve. Cet attrait sexuel et sensuel qui se dégagera pourra être le ciment du couple, et pourra lui permettre de passer au travers bien des péripéties. Il alimentera la jalousie, puissante chez Monsieur Scorpion, qui agacera Madame Bélier bien qu'elle s'en sentira flattée. Mais Madame Bélier ne sera pas en reste car elle veillera aussi sur Monsieur

Scorpion, ne souhaitant nullement le voir lui échapper. Madame Bélier est bordélique, Monsieur Scorpion est, lui, très organisé et c'est aussi entre eux, un sujet de discorde car Monsieur Scorpion n'acceptera pas le laisser aller de Madame Bélier qui ne supportera pas l'intransigeance de Monsieur Scorpion. Et pourtant, Madame Bélier aura conscience qu'avec le sens de l'organisation de Monsieur Scorpion, elle pourra vite évoluer dans sa vie mais aussi dans son travail.

Madame Bélier est une battante mais elle peut parfois se sentir dépassée par certaine situation alors Monsieur Scorpion sera son élixir, sa positive attitude et elle sait qu'avec lui, elle peut aller très loin. Monsieur Scorpion, lui, avance et cela même si le doute s'empare de lui mais il ne sait parfois pas vraiment vers où il doit aller et la confiance et la reconnaissance de sa Dame Bélier, lui permettra souvent de retrouver son chemin intérieur pour avancer encore plus loin. En somme, ils peuvent complètement être complémentaires. .

Madame Bélier est belliqueuse et Monsieur Scorpion est dangereux. Il sera donc toujours nécessaire d'éviter de mettre Monsieur Scorpion en forte colère car il pourrait alors se laisser aller à des mots qui seront choisis mais particulièrement blessants. Et si Monsieur Scorpion ne se contrôle pas, il pourra alors en venir aux mains ou tout du moins, il se pourrait qu'entre ces deux-là, flotte un air de vaisselle cassée. Il en sera de même pour l'éducation des enfants qui sera rigoureuse et dure avec Monsieur Scorpion qui pourra ne rien laisser passer. Mais Madame Bélier, protectrice envers ses enfants, saura se dresser face à Monsieur Scorpion afin qu'il accepte de faire preuve de plus de souplesse mais il faut bien reconnaitre qu'il n'aura guère le choix car Madame Bélier entend bien régir la vie de ses enfants comme elle le souhaite n'acceptant pas qu'ils vivent dans une rigidité qu'elle estimera inappropriée. Mais faites attention, Monsieur Scorpion, il est des terrains ou vous n'aurez pas le dernier mot !

Madame BELIER face à Monsieur SAGITTAIRE

Ils ont en commun le feu, celui qui brule le corps et l'esprit et qui avive les grandes passions généreuses. Tous deux sont des signes de Feu, l'un régit par la planète Mars (le Bélier) et l'autre par la planète Jupiter, le grand bénéfique (le Sagittaire) d'où de grand besoin de liberté et d'évasion. Toutefois, Madame Bélier n'aura jamais vraiment la même façon de voir la liberté et l'évasion. Monsieur Sagittaire est l'homme des grands espaces, des voyages inattendus, des situations rocambolesques, celui qui ne sait jamais vraiment ce que sera demain et qui ne peut, le plus souvent, que vivre ainsi. Que lui importe d'avoir un foyer fixe, cela n'a réellement pour lui aucune importance car c'est un véritable nomade. Certes, il apprécie de rentrer chez lui mais souvent parce qu'il y est obligé, parce que quelqu'un l'attend….. Mais pour Madame Bélier, c'est tout autre chose. Madame Bélier aime bouger, se dépenser, s'aventurer hors des frontières mais elle a besoin de savoir qu'elle possède un chez elle, chaleureux, douillet, coquet et dans lequel elle peut allègrement venir se ressourcer. Madame Bélier a besoin de savoir cela ! Et il sera parfois douloureux pour elle de voir que Monsieur Sagittaire n'est nullement pressé de venir la retrouver. En somme, il a toujours quelque chose à faire, quelqu'un à voir et il est toujours prêt à rendre service. Cependant, Madame Bélier ne doit pas vraiment être inquiète car s'il est en couple, Monsieur Sagittaire reviendra toujours. Il est possible qu'il se soit au passage égaré dans une autre relation mais pour lui, cela ne compte pas et il n'y accorde aucune importance. Mais de toute façon, c'est à prendre ou à laisser. Et il ne le fait pas exprès mais c'est ainsi sa nature, mi-homme mi-cheval, un centaure féérique tantôt humain tantôt primaire mais toujours allant de l'avant.

D'ailleurs, Madame Bélier pourra découvrir avec Monsieur Sagittaire, les grands projets et les grandes envolées spirituelles et intellectuelles, d'autant que s'il décèle chez Madame Bélier des qualités particulières, il n'aura de cesse que de la pousser à avancer, lui donnant force et courage. Et Madame Bélier pourra a son contact, se réaliser. Seul écueil dans cette relation, les vues a trop longues portées de Monsieur Sagittaire qui ne sera pas toujours dans la réalité des choses, aussi peut-être vaut-il mieux que ce soit Madame Bélier qui tiennent les cordons de la bourse et élève les enfants. Il ne sera pas un mauvais père mais bien plutôt un père absent pour qui l'éducation de ses enfants n'a pas le même sens que celui de Madame Bélier.

Néanmoins, cette relation tres bougeante et chaleureuse a de grandes chances de fonctionner, surtout si Madame Bélier est comprehensive.

Madame BELIER face à Monsieur CAPRICORNE

Ici, il existe un réel contraste dans les caractères et les tempéraments de sorte que l'union peut s'avérer plutôt difficile et orageuse mais empreinte de sentiments souvent puissants. Madame Bélier est plutôt fougueuse et empressée alors que Monsieur Capricorne est prudent et réfléchi. Monsieur Capricorne saura tempérer Madame Bélier en lui montrant ce qu'il y a de meilleur en elle et Madame Bélier pourra lui apporter la puissance dont il a besoin pour avancer. En somme, ils peuvent être complémentaires malgré leurs deux forts caractères car chacun est autoritaire et aime que les choses se fassent comme il le souhaite. Toutefois, Monsieur Capricorne est ambitieux et peut-être aura-t-il du mal à accepter que Madame Bélier réussisse mieux que lui d'où peut-être, une fois en couple, une tendance à inciter Madame Bélier à rester au foyer pour s'occuper de la maison. Et si Madame Bélier accepte, alors Monsieur Capricorne n'aura de cesse que de travailler pour son confort.

Monsieur Capricorne est un homme indépendant tout comme Madame Bélier mais il est solitaire, ce que n'est pas Madame Bélier et il faudra parfois qu'elle accepte que son cher et tendre s'isole et ne daigne lui parler car il sera dans son univers fermé dans lequel il réfléchit et duquel il ne sort qu'une fois les réponses trouvées à ses questions intérieures.

En homme indépendant, Monsieur Capricorne ne veut pas d'une femme dépendante de lui car il n'a vraiment pas envie de devoir s'occuper d'une autre personne que lui-même. Faut dire que Monsieur Capricorne est assez égoïste, ce qui posera tout de même un problème s'il a des enfants. Mais comme Madame Bélier est une mère souvent très proche de ses enfants, cela fera parfaitement l'affaire pour Monsieur Capricorne qui ne verra pas son évolution freinée par la nécessité d'assumer son rôle de père. Certes, il saura être présent si on le lui demande mais il faudra souvent le lui demander.

Mais, si contre toute attente, Madame Bélier émet le désir d'évoluer professionnellement et de s'affranchir de la tutelle de Monsieur Capricorne, alors il saura lui apporter son aide qui se révèlera précieuse et il sera très fier de ce qu'elle peut devenir.

En somme, ce peut être une relation difficile mais qui peut s'avérer solide et fructueuse, pour peu que chacun s'accommode du caractère de l'autre et accepte l'autre tel qu'il se présente, avec ses travers et ses forces, ses défauts et ses qualités, sachant que l'amour sera leur construction, et que l'amour physique sera leur ciment.

Madame BELIER face à Monsieur VERSEAU

Voici un couple très explosif tant les tempéraments sont puissants. Toutefois, Monsieur Verseau pourrait bien se révéler plus coriace que Madame Bélier tant par ses colères, que sa force de caractère et son petit côté intransigeant. Car force est de reconnaitre que Monsieur Verseau n'est pas tres tolérant et ne sait pas non plus faire preuve de souplesse. Il aime que les choses lui ressemblent et se fassent comme il l'a, le plus souvent, décidé. Mais Madame Bélier saura lui tenir tête d'où des moments difficiles en perspective. Monsieur Verseau décide, coupe et tranche mais il n'est pas toujours capable d'appliquer ses propres règles à lui-même, considérant surement qu'il est au-dessus de celles-ci. Par contre, il peut se montrer dur et agressif si son entourage ne se plie pas. Autre chose encore, Monsieur Verseau est jaloux et Madame Bélier devra surtout faire attention de ne pas éveiller cette jalousie qui pourra conduire Monsieur Verseau jusqu'à la violence quelquefois. Toutefois, il n'acceptera pas cela de Madame Bélier et pourtant Monsieur Verseau n'est pas un homme sage. Monsieur Verseau aime le sexe mais d'une manière qui frise parfois l'indécence et il aime être dans les excès. Aussi, Madame Bélier devra bien comprendre qu'elle ne pourra jamais lui donner satisfaction, pas plus que n'importe qui d'autres d'ailleurs. Monsieur Verseau n'hésitera pas à s'adonner a quelques coucheries qu'il considèrera plutôt comme un passe-temps, une envie d'assouvir ses fantasmes plutôt qu'une tromperie franche. Pour lui, l'amour et le sexe n'ont rien à voir. Pas sûr que Madame Bélier l'entende de cette oreille !

Monsieur Verseau est aussi distrait et Madame Bélier devra toujours veiller à y remédier, ce qui ne lui permettra pas de se relâcher, contrainte d'être toujours sur la brèche. Monsieur Verseau peut oublier ses clefs, peut oublier un rendez-vous important ou pire encore peut oublier d'aller chercher ses enfants à l'école. Madame Bélier sera donc constamment obligée de lui faire des rappels afin que tout s'orchestre correctement et il faut reconnaitre que cela peut s'avérer usant à la longue tant cela risque de s'accompagner de disputes. Mais, le pire de tout, peut-être, c'est que Monsieur Verseau trouvera cette situation normale, oubliant jusqu'à remercier Madame Bélier de ses efforts pour le tenir dans la réalité concrète et matérielle.

Tiens, justement, parlons-en de cette situation matérielle : Monsieur Verseau tient ses comptes contraint et forcé car pour lui, l'argent n'est qu'un moyen et il déteste en manquer. D'ailleurs, il n'aura parfois aucun scrupule à considérer que s'il en manque, c'est la faute de Madame Bélier qu'il taxera de dépensière mais, la réalité sera peut-être toute différente car Monsieur Verseau n'est pas toujours, non plus, un bon gestionnaire. Mais chut, je ne vous ai rien dit !!

Madame BELIER face à Monsieur POISSON

Elle est un signe de feu et lui, un signe d'eau. Cela va avoir tendance a grandement compliquer les choses, d'autant que Mme Bélier est plutôt pragmatique et Monsieur Poisson, doux rêveur.

Monsieur Poisson est un grand romantique, capable de vous emmener très loin si vous souhaitez le suivre mais cela sera toujours à sa façon, même si celle-ci reste pour lui, toujours à définir. Il ne sait jamais vraiment où ses pas l'entrainent et il aime assez souvent, se laisser porter par les circonstances et par les opportunités. Mais Madame Bélier est tout autre, chez elle, rien n'est laissé au hasard car elle aime savoir où elle va ! Bien sûr, elle n'est pas contre un peu de nonchalance, un peu de poésie mais pour elle, il faut savoir connaitre ses limites. Mais Monsieur Poisson, lui, n'a pas de limites. Et c'est bien ici que cette relation s'avèrera compliquée : Où Monsieur Poisson voit du rêve, Madame Bélier voit du temps qui passe, où Monsieur Poisson voit la nécessité de laisser faire les choses, Madame Bélier, elle, a le net sentiment que rien n'avance et préfère prendre les choses en main. Mais, leurs différences ne s'arrêtent pas seulement ici, car Monsieur Poisson connait parfois et de manière très inattendue, des phases critiques durant lesquelles il sombre dans des abimes d'une noirceur incroyable alors que Madame Bélier aime les gens positifs, et ne peut pas comprendre que quand tout va bien, Monsieur Poisson ne va pas bien ! Mais il est ainsi, parfaitement insaisissable et incompréhensible, d'autant que souvent,

il ne parvient même pas à se comprendre lui-même.
Madame Bélier est une femme très active, qui n'aime
pas vraiment faire du sur place. Monsieur Poisson, lui,
peut rester oisif des heures durant sans que cela ne le
gêne le moins du monde. Madame Bélier aime les
hommes empreints d'une belle virilité, les hommes
capables de mourir pour elle, et capable de soulever des
montagnes. Monsieur Poisson peut devenir cet homme
pour lui plaire mais cela sera de courte durée car cela ne
lui ressemble pas. Monsieur Poisson est avant tout
prudent et mesuré, non pas qu'il n'aime pas sa belle
mais cela vaut-il le coup de se mettre dans des
situations compliquées pour elle, peut-être pas ! Et tout
est une question d'appréciation !
Finalement, Monsieur Poisson n'est pas un homme de
grande décision ou alors, il faut qu'il ait, soit le temps
de réfléchir soit le temps de se laisser porter par la vie
pour que ce soit la vie qui trouve une solution à sa
place. Et c'est là tout ce que Madame Bélier n'aime
pas.
Madame Bélier aime partager ses désirs sexuels de
manière fréquente avec son partenaire, et c'est ici, que
ce couple insolite, peut trouver un terrain d'entente car
Monsieur Poisson, doux et sensuel, ne rechigne pas à la
besogne….. Mais il faut juste attendre qu'il en ai envie
et cela traine quelquefois en longueur car il peut lui
falloir plusieurs jours et surtout que toutes les
conditions soient réunies, ce qui, finalement, laisse
flétrir le désir de Madame Bélier. Il faut avouer qu'elle
n'aime pas du tout ça. Là où Madame Bélicr passe de la

conception à la réalisation, Monsieur Poisson, lui, passe de la rêverie au fantasme puis enfin du désir à la réalisation. C'est somme toute compliqué !

Ils sont aussi très différents dans leur manière de voir les choses dans le domaine du travail. Madame Bélier fonce car c'est une battante qui a besoin d'évoluer sans forcément se poser des questions. Monsieur Poisson, lui, préfère voir venir plutôt que d'entrer en conflit et, si la situation venait à ne plus lui convenir, alors il quitterai son emploi sans crier gare et à la surprise de tous, y compris celle de Madame Bélier.

Monsieur Poisson n'est pas constant alors que Mme Bélier fonce, assume, et aime être dans l'action, action qui ne lui fait pas peur.

En somme, ce couple sera toujours un couple assez compliqué, qui aura le plus souvent beaucoup de mal à s'entendre, car fondamentalement, ils ne partagent que peu de choses. Toutefois, c'est à chacun d'y réfléchir car les gens évoluent et de ce fait, ce qu'ils sont et ce qu'ils deviennent tout autant !

Monsieur Bélier face aux femmes du zodiaque

Monsieur BELIER face à Madame BELIER

Vous êtes, Monsieur Bélier tout comme Madame Bélier, un vrai signe de feu et de ce fait, vous êtes plutôt un sang bouillant. Un tantinet autoritaire et malicieux, vous aimez diriger votre petit monde avec excès parfois et ce n'est pas forcément du gout de Madame Bélier. Vous êtes indépendant et avez besoin de vous sentir libre, n'aimant pas vraiment rendre de compte et cela ne fait pas l'affaire de Mme Bélier qui, tout comme vous, aime diriger toutes les opérations.

Vous la voulez rien que pour vous, aimant qu'elle satisfasse vos exigences les plus folles mais vous n'êtes pas, par contre, forcement toujours tres conciliant ni toujours très fidèle.

Monsieur Bélier aime plaire et séduire et il arrive parfois qu'il ne sache pas vraiment ou se situe la limite a ne pas dépasser, ce qui peut rendre fort agressive Madame Bélier, qui n'acceptera pas les incartades de son Monsieur Bélier, d'autant que celui-ci ne supporterai jamais les infidélités de Madame Bélier si celles-ci devaient exister.

Monsieur Bélier est assez ordonné ou tout du moins il sait toujours le petit bazar qu'il instaure et dans lequel il est souvent le seul à s'y retrouver. Et, là encore, Madame Bélier a besoin d'y mettre son grain de sel car elle est, à l'inverse, le plus souvent auto-disciplinée et aime que les choses soit à la bonne place. D'ailleurs, souvent, Madame Bélier aime avoir une maison bien rangée, ce qui parfois irrite Monsieur Bélier qui a besoin de sentir que son environnement lui appartient. Car il est bel et bien question de ça, Monsieur Bélier est un possessif qui s'ignore le plus souvent mais qui veut que sa vie et son environnement soit agencé comme lui le décide.

Monsieur Bélier aime travailler et cela s'avère d'ailleurs important pour lui, il a besoin d'être celui qui assume sa famille et lui permet de vivre confortablement, même si pour cela il fait quelques sacrifices. Et Madame Bélier sait parfaitement qu'en choisissant Monsieur Bélier, elle sera le plus souvent à l'abri du besoin, d'autant qu'il sait admirablement faire ses comptes et gérer son patrimoine s'il en possède un. Mais, en échange de ce bien-être qu'il sait offrir, Monsieur Bélier attendra de Madame Bélier qu'elle prenne en charge le foyer, les enfants et tout ce qui lui parait futile. Et si Madame Bélier sait mener sa barque, elle sera la plus heureuse des femmes car Monsieur Bélier n'hésitera pas à lui confier sa carte bleue pour qu'elle se fasse plaisir non sans toutefois imposer une limite qu'il vaudra mieux qu'elle ne dépasse pas.

Autre chose encore, les colères de Monsieur Bélier : excessive, impulsives et parfois même violentes en fonction de sa carte du ciel évidemment. Mais comme Madame Bélier ne sera pas en reste, il demeure préférable qu'ils apprennent l'un et l'autre à se tempérer et se contrôler s'ils ne veulent éviter vaisselle cassée ou drame parfois.

Monsieur BELIER face à Madame TAUREAU

Il est possible que rien ne soit vraiment simple entre Monsieur Bélier, le feu et Madame Taureau, la terre mais il n'est nullement contre-indiqué d'essayer malgré tout.

Monsieur Bélier aime être le premier, être celui qui dirige et instaure sa loi et ses règles. Madame Taureau incarne la stabilité et la solidité qu'elle matérialise dans chaque acte qu'elle pose ou chaque plan qu'elle échafaude. Et c'est surement cela qui posera problème a Monsieur Bélier, le fait qu'il ne puisse en aucun cas, faire de Madame Taureau, sa soumise. Madame Taureau est souvent une femme de caractère qui ne s'en laisse pas conter et qui ne devient que ce qu'elle décide. Monsieur Bélier trouvera en elle une alliée précieuse mais n'imposera guère ses règles car Madame Taureau a souvent les siennes propres. La stabilité de Madame Taureau amènera Monsieur Bélier à se montrer souvent instable car il aura tendance à s'en remettre à elle pour la gestion du quotidien et des affaires. Il n'hésitera guère à se montrer entreprenant dans les affaires ou le travail, se sentant toujours bien épaulé par la solide Madame Taureau qui saura d'ailleurs faire évoluer leur situation matérielle en la rendant le plus souvent prospère. Elle saura aussi freiner Monsieur Bélier, ce qu'il appréciera moins mais Madame Taureau, forte d'arguments inattaquables, aura souvent le dernier mot. Monsieur Bélier aura conscience, dans cette relation, qu'il peut s'adonner à ses activités sans que cela ne pose problème a Madame Taureau. Certes, Madame Taureau a besoin d'attention mais celle-ci n'est pas forcément indispensable si elle sait que Monsieur Bélier a pour elle de sincères sentiments. De ce fait, Monsieur Bélier pourra évoluer à l'extérieur en toute quiétude mais au final, ne sera pas vraiment le maitre à la maison. Et cela sera d'autant plus vrai s'ils ont des enfants……

En somme, Monsieur Bélier et Madame Taureau devront se méfier de leur caractère car, en cas de disputes, celles-ci seront souvent tres agressives. Il sera donc souhaitable que chacun prenne sur lui, mette de l'eau dans son vin et privilégie la discussion au lieu de la polémique.

Monsieur BELIER face à Madame GEMEAUX

Voici ici la rencontre du feu et de l'air et il est bien connu que l'air attise le feu pour lui permettre de se développer. Monsieur Bélier sera le plus souvent séduit par Madame Gémeaux tant elle est gaie, et ne tient jamais en place. Ce côté fantasque qui appartient à Madame Gémeaux donnera l'impression a Monsieur Bélier que rien n'est acquis et qu'il doit sans cesse séduire ce feu follet qui lui amènera de belles bouffées d'air frais. Madame Gémeaux aime la vie mais ne s'attache a rien ni à personne car elle veut avant tout être libre. Monsieur Bélier aura donc de nombreuses difficultés à se faire aimer par Madame Gémeaux qui ne lui accordera jamais sa priorité, mais en définitive, il aime ce challenge. Madame Gémeaux est aussi d'humeur changeante et Monsieur Bélier se sentira parfois plutôt perdu face à ces revirements mais il saura tout de même lui éviter les tracas de la vie, prenant toujours en charge le quotidien. Cette attitude paternaliste plaira plutôt à Madame Gémeaux qui verra là, l'opportunité de ne plus se casser la tête afin de laisser libre court à sa personnalité versatile et éparse. Toutefois, Madame Gémeaux étant très indépendante, elle ne savourera pas longtemps cet état de fait et Monsieur Bélier aura tout intérêt a amener beaucoup de renouvellement dans leur couple s'il souhaite conserver Madame Gémeaux car elle a horreur de la routine et n'aime pas avoir le sentiment qu'on décide pour elle. Elle peut aimer les conseils mais pas les directives et charge à Monsieur Bélier d'être fin diplomate pour l'amener ou il le souhaite.

Finalement, cette relation de Monsieur Bélier avec Madame Gémeaux peut complètement fonctionner si Monsieur Bélier ne se montre pas trop exigeant car Madame Gémeaux n'aime pas se sentir obligé. Elle n'aimera Monsieur Bélier que si celui-ci respecte sa nature et ne lui en demande pas trop car avant tout Madame Gémeaux s'aime surtout elle-même, aussi mutine soit-elle !

Monsieur BELIER face à Madame CANCER

Monsieur Bélier est fort et Mme Cancer sera séduite par cet homme qu'elle sentira si protecteur, d'autant que Mme Cancer aime être protégée et aime savoir que l'homme qu'elle aime peut se battre pour elle. Ce que Mr Bélier peut faire bien volontiers.

Mr Bélier aime être celui qui prend les décisions car il est fait pour cela, et Mme Cancer s'en accommodera toujours car elle n'aime pas forcément prendre les choses en mains bien que Mme Cancer soit tout de même une femme de caractère. Mr Bélier pourra vivre sa vie, avec Mme Cancer mais il devra, auparavant, confortablement l'installer dans une grande maison sereine qu'elle s'efforcera de rendre plus accueillante encore. Elle n'aura pas forcément toujours confiance en lui mais elle aura conscience qu'elle peut lui apporter ce dont il a besoin.

Tous deux aiment faire l'amour et cela sera toujours un lien entre eux, simplement et d'une manière naturelle, ce qui cimentera leur relation. Mais attention car Mr Bélier n'est pas partageur et Mme Cancer devra toujours tacher d'être disponible pour lui car c'est ainsi que Mr Bélier l'entend.

Mme Cancer sera séduite par cet homme fort et elle pourra facilement tomber amoureuse de lui, d'autant que Mr Bélier, une fois décidé, se montrera très présent, très prévenant, du moins jusqu'à ce que le jeu ne l'amuse plus et jusqu'à ce qu'il soit sur que Mme Cancer lui appartient. Après cela, il en sera peut-être tout autrement car Monsieur Bélier reste et demeure un conquérant, un chasseur qui a toujours besoin de partir en quête de nouvelles aventures. Il faudra donc toujours que Mme Cancer sache le surprendre et ne l'enferme pas dans sa petite routine bien à elle.

Monsieur BELIER face à Madame LION

Homme de passion vous êtes Monsieur Bélier et Madame Lion saura tres vite s'en apercevoir. Madame Lion aime assez avoir une multitude de prétendants mais vous saurez surement et rapidement sortir du lot Monsieur Bélier car votre fougue et votre esprit de conquête vous permettra de démontrer à cette femme fatale qu'elle ne peut rien sans vous ! Et il est vrai que Madame Lion saura se laisser séduire non sans quelques difficultés tout de même car elle est ainsi, elle aime se faire désirer.
Monsieur Bélier est homme d'action, homme de feu et rien ne pourra l'arrêter pour séduire sa belle, elle-même signe de feu et c'est cette fougue commune qui saura les réunir le plus souvent. Toutefois, Monsieur Bélier est un homme direct et aura parfois tendance à vexer Madame Lion tant il n'est pas forcément diplomate. Madame Lion pourra s'en formaliser mais Monsieur Bélier, taquin, saura aussi tourner certaines situations en dérision afin d'amuser sa Madame Lion. Cela pourtant ne marchera pas à tous les coups et il arrivera que Madame Lion, plus fière qu'amoureuse se détache de

Monsieur Bélier n'aimant nullement sa façon de la traiter. Et parfois, le sens de l'humour de Monsieur Bélier fonctionnera parfaitement et chacun reprendra son idylle là où il l'avait laissé.

Madame Lion a besoin d'aimer l'homme que toutes les femmes convoitent, c'est pour elle une question de prestige, et, si Monsieur Bélier comprend l'astuce, il pourra alors très vite rendre Madame Lion folle de lui et ils deviendront inséparables. Monsieur Bélier doit avoir confiance en lui, c'est aussi une condition indispensable pour séduire Madame Lion qui se montrera d'ailleurs quelquefois plutôt caustique envers ce pauvre Monsieur Bélier. Et c'est là, que vous devez, Monsieur Bélier, relever le défi car Madame Lion a besoin d'un adversaire à sa mesure qu'elle doit considérer plus fort qu'elle-même et c'est souvent votre cas Monsieur Bélier ! Sachez juste correctement le démontrer.

Il en sera de même dans votre sexualité que vous partagerez bien volontiers avec ardeur et désir, pour la plus grande satisfaction de Madame Lion !

Monsieur BELIER face à madame VIERGE

Lorsque Monsieur Bélier, signe de feu tout en dynamisme et en combativité rencontre Madame Vierge, signe de terre pour qui seule la raison compte, tout devient soudain très compliqué ! Monsieur Bélier fonce parfois sans réfléchir, a besoin d'engager des combats dans lesquels il excelle car ils font partie de sa

nature. Mais Madame Vierge a souvent la question qui tue : mais pourquoi tu fais ça ? Madame Vierge a besoin de tout comprendre, de tout analyser et aime trouver des raisons bien concrètes à toute chose sinon rien ne vaut la peine de se donner du mal. Et c'est bien là ce que Monsieur Bélier ne saura jamais entendre ! Monsieur Bélier est homme de cause et qu'importe s'il échoue, il avance en ayant le sentiment de faire ce qu'il estime être juste alors que Madame Vierge ne s'engagera dans une cause que si celle-ci a une raison d'être. Seul l'amour pourra cimenter cette relation qui s'avèrera le plus souvent plutôt difficile car Monsieur Bélier aura souvent le sentiment d'être brimé, d'être entravé et en retirera de grosses insatisfactions qu'il pourrait bien combler dans les bras d'une autre…
Dans l'intimité, Monsieur Bélier est un fougueux, un passionné qui aura beaucoup de difficultés a séduire Madame Vierge qui, elle, préférera se montrer plus réservée car elle a besoin de temps pour tout ce qu'elle entreprend.
Cette relation n'est pas impossible mais elle renfermera souvent beaucoup de non-dits de la part de Madame Vierge et des accès de mauvaise humeur de la part de Monsieur Bélier. Chacun voudra convertir l'autre mais personne ne peut changer la nature profonde d'une personne sauf si elle le souhaite vraiment, et pas sur ici, que cela soit vraiment le cas.

Monsieur BELIER face à Madame BALANCE

Monsieur Bélier est signe de feu et Madame Balance signe d'air, ce qui peut ici parfaitement se compléter. D'autre part, dans le zodiaque, le Bélier est opposé à la Balance, ce qui entraine une certaine complémentarité. Mais, il est à noter et cela sans nul doute, que Madame Balance sait parfaitement s'adapter à tous les signes du zodiaque de par son caractère facile, doux et tres accommodant.

Monsieur Bélier est intrépide, dynamique et volontaire d'autant que pour lui, séduire Madame Balance est une priorité. Il ne saurait accepter que celle-ci lui préfère un autre ni accepter qu'elle se détourne de lui. Car, seule Madame Balance peut lui offrir la sérénité dont il a besoin, car elle sait admirablement l'apaiser, le distraire et l'aimer, ce dont en réalité, il a le plus besoin.

Monsieur Bélier sera toujours fier de Madame Balance car elle sait s'entourer de belles choses et prend toujours grand soin d'elle, tout en faisant de leur demeure un véritable havre de paix. Elle l'invite dans un univers de grâce et de douceur qui lui est étranger mais qu'il apprécie fortement.

Monsieur Bélier aura souvent tendance à faire abstraction des gouts de Madame Balance, ayant toujours a cœur de lui faire découvrir ce qui le passionne, et cela sans même se demander si Madame Balance partage avec lui le même intérêt. Et c'est ici que Monsieur Bélier peut prendre le risque de laisser s'installer entre eux une telle distance que Madame

Balance finira par le considérer comme un ami sans même qu'il ne puisse s'en apercevoir.

Monsieur Bélier doute souvent et le plus souvent il doute de tout, car en réalité, devant Madame Balance, Monsieur Bélier n'est plus vraiment sûr de rien tant cette femme est mystérieuse et pose sur le monde un regard aérien. Il n'ose pas tout lui dire de peur de la perdre le plus souvent tant il a besoin d'elle et de ses étreintes. Mais Madame Balance a besoin de stabilité et elle peut trouver auprès de Monsieur Bélier la protection dont elle a besoin pour s'épanouir. Elle peut aider Monsieur Bélier a devenir un autre homme sans même avoir besoin de le lui demander, car naturellement Monsieur Bélier suivra la route que Madame Balance lui aura délicatement et discrètement tracée.

Mais au milieu de ce tableau idyllique, monsieur Bélier se devra se respecter le contrat moral qu'il aura implicitement passé avec Madame Balance car Madame Balance acceptant tous les compromis n'est pas femme à partager l'amour de Monsieur Bélier, faisant que celui-ci n'aura guère droit à l'erreur s'il ne veut voir s'éloigner définitivement sa Madame Balance.

Monsieur BELIER face à Madame SCORPION

Monsieur Bélier est sans nul doute, un homme de caractère qui aime prendre les choses en main comme seul un véritable male sait le faire. Mais Madame

Scorpion est une femme difficile, au caractère bien trempé et qui ne s'en laisse pas compter. Ce duo, bien que possible, n'en demeure pas moins très explosif limitant ainsi le plus souvent sa durée. Vivre avec Madame Scorpion, c'est vivre d'une manière permanente dans le conflit car Madame Scorpion en a besoin pour exprimer ce qu'elle ressent. Femme excessive, elle compliquera la vie de Monsieur Bélier à outrance, qui aura pourtant toujours un attrait irrésistible pour elle. Toutefois, Monsieur Bélier n'est pas vraiment un homme de conflit mais bien plutôt un guerrier pour qui un repos bien mérité est essentiel. Et malheureusement, ce n'est guère auprès de Madame Scorpion qu'il pourra reposer ses tensions intérieures. Monsieur Bélier est autoritaire et aime mener les choses à sa façon, mais Madame Scorpion a aussi sa propre vision des choses d'où souvent un véritable combat dont on ne sait jamais vraiment qui en sera le vainqueur.

En somme, ce couple peut subsister par l'attrait physique et sexuel qui existe entre eux et qui est irrésistible mais ne peut finalement guère évoluer tant il est dans la colère et la souffrance. Toutefois, si Madame Scorpion choisi de changer son état d'esprit et de n'utiliser que la plus belle partie de son caractère alors Monsieur Bélier se montrera plus tendre et peut-être alors, ce duo pourra évoluer vers le même horizon.

Monsieur BELIER face à Madame SAGITTAIRE

Quand le feu rencontre le feu, tout ne devient plus qu'une question de degré.

Lorsque Madame Sagittaire rencontrera Monsieur Bélier, elle aura vite tendance à tomber sous son charme tant il parait être le guerrier qu'elle attendait. Cependant, comme tout Sagittaire qui se respecte, elle va peser le pour et le contre avant même d'accepter l'idée qu'elle puisse être amoureuse de son Monsieur Bélier. Elle en fait une question de principe !

Monsieur Bélier saura se montrer un amant solide et passionné mais fera parfois montre de peu de délicatesse, ce qui pourra déstabiliser Madame Sagittaire mais guère plus, car elle prendra alors à cœur, de guider Monsieur Bélier vers des chemins plus tendres et plus raffinés.

Madame Sagittaire pourra se révéler une aide précieuse pour Monsieur Bélier, notamment dans le cadre de son travail ou elle parviendra bien mieux que lui, a déceler les failles et les avantages qui peuvent être mis sur la route de Monsieur Bélier. De votre côté, Monsieur Bélier tachez de vous intéresser aux domaines qui interpellent Madame Sagittaire, elle ne vous en sera que plus reconnaissante, et ne délaissez pas le sport pour elle car elle a, bien au contraire, de très belles prédispositions et ce partage pourrait se révéler très stimulant pour vous deux.

Il est à noter que Madame Sagittaire ne devra jamais donner d'ordres ou de conseils à Monsieur Bélier car celui-ci pourrait avoir tendance à se formaliser, ce qui le rendrait aussitôt plus distant. Bien au contraire, Madame Sagittaire se devra d'être très subtile dans sa façon de formuler les choses afin juste de les suggérer à Monsieur Bélier. Ainsi, il n'en prendra pas ombrage et cette relation n'aura que peu de nuages.

Monsieur BELIER face à Madame CAPRICORNE

Monsieur Bélier est le feu, Madame Capricorne est la glace ! Mais il y a, chez Madame Capricorne, le feu qui couve sous la glace et c'est à vous, Monsieur Bélier de tenter de le découvrir.
Madame Capricorne vous abordera avec de multiples retenues car vous bénéficiez d'une telle énergie que vous ne vous lasserez pas d'entrainer Madame Capricorne sur des chemins divers et variés. Monsieur Bélier aime aller de l'avant et la patience n'est pas son fort, tandis que Madame Capricorne a besoin de temps pour aborder les choses, souvent prise au piège de ses états d'âme. Cela l'ennuie profondément, mais il peut cependant accepter de laisser du temps à Madame Capricorne, mais pas trop non plus tout de même ! Et c'est peut-être ici qu'une première tension peut exister entre eux car Monsieur Bélier est un pionnier qui adore découvrir et innover alors que Madame Capricorne ne sait parfois pas abandonner ses habitudes.
Monsieur Bélier aime les gens et a souvent beaucoup

d'amis ou relations et Madame Capricorne doit apprendre à l'accepter, autant en tous cas, que Monsieur Bélier, lui, accepte les siens. Mais Madame Capricorne est un peu jalouse et faire avec les demoiselles qui s'agitent autour de Monsieur Bélier lui est difficile. Pourtant, Monsieur Bélier sait se montrer loyal et fidèle quand il est amoureux, ce qui, pour lui, doit apaiser grandement les craintes de Madame Capricorne.

L'amour chez Monsieur Bélier est quasi instantané alors que chez Madame Capricorne, les choses ne fonctionnent pas ainsi. Autant Monsieur Bélier sera tenté de suivre son instinct, autant madame Capricorne prendra le temps de peser le pour et le contre avant de se laisser aller complètement, bien qu'en réalité, elle ne se livre jamais vraiment !

Monsieur Bélier aura du mal à cerner cette madame Capricorne, puis peut venir un temps où il se lassera, laissant Madame Capricorne seule avec ses regrets.

Monsieur BELIER face à Madame VERSEAU

Voici ici un couple intéressant car il pourrait bien être complémentaire tant ils ont des énergies semblables. Monsieur Bélier est un homme qui aime aller de l'avant, qui est combattif et qui n'a peur de rien. Madame Verseau est une femme énergique, qui n'a pas froid aux yeux, et qui aime se laisser tenter par des hommes comme Monsieur Bélier.

Monsieur Bélier sera toujours fier de présenter Madame Verseau car la plupart du temps, elle se montre femme de tête et sait faire dans l'élégance et le raffinement, ce qui séduit Monsieur Bélier. Elle est aussi à même de pouvoir l'épauler et le conseiller dans ses multiples projets, d'autant qu'elle peut apporter à Monsieur Bélier la sagesse et la réflexion qui lui font parfois défaut. Madame Verseau n'a pas peur du travail ni de l'effort et cela plait à Monsieur Bélier qui a le sentiment d'avoir su conquérir une femme qui lui ressemble. Toutefois, Madame Verseau a un fort caractère que Monsieur Bélier se devrait de redouter parfois car il arrivera que sans ambages, elle signifie à Monsieur Bélier qu'il n'a pas été à la hauteur de telle ou telle situation.

Mais Monsieur Bélier est un séducteur qui saura rapidement se faire pardonner, brulant d'un désir ardent qu'il saura communiquer à Madame Verseau qui comprendra alors que son Monsieur Bélier lui est acquis !

Monsieur BELIER face à Madame POISSONS

Le feu et l'eau se trouvent ici réunis et ce ne sera pas toujours une mince affaire.

Monsieur Bélier aime être admiré et aime diriger sa vie ainsi que celle des autres. Or, Madame Poisson est femme à se laisser prendre en charge si elle pense que cela fait plaisir à Monsieur Bélier. D'une manière générale, Madame Poisson est douce pouvant ainsi offrir à Monsieur Bélier les caresses qu'il ne sait parfois pas donner. D'autre part, elle sait adroitement devenir celle qu'il souhaite car Madame Poisson a la particularité d'être malléable à souhait. Mais ne vous y trompez pas !

Ils ont peut-être en commun cet attrait pour l'indépendance et pour la liberté qui aura surement un peu tendance à compliquer la nature de leur relation. D'autant que Monsieur Bélier est indépendant mais parfois intransigeant ce qui déplaira fortement à Madame Poisson qui, à son inverse, est capable de compromis.

Monsieur Bélier sent peut-être les choses mais Madame Poisson est très intuitive et aura toujours une longueur d'avance sur Monsieur Bélier, qui sera parfois très déçu de ne pas avoir réussi son effet de surprise. Mais Madame Poisson est ainsi et il en faut beaucoup pour pouvoir la surprendre. D'autre part, Madame Poisson aime faire ses propres choix et décider toute seule de sa vie, alors, lorsque Monsieur Bélier fera mine de vouloir tout contrôler, cela sera aussi une source de conflits. Mais Monsieur Bélier se veut souvent très persuasif et il pourra arriver que Madame Poisson préfère le fuir plutôt que de prendre le risque de ne plus être capable de prendre son destin en main. Monsieur Bélier ne reculera pourtant pas devant Madame Poisson surtout si il parvient à se convaincre que cette femme est faite pour lui. Monsieur Bélier sait que Madame Poisson est celle qui peut calmer ses fureurs et apaiser ses soucis et il est vrai que Madame Poisson est apte à cela, mais il faudra alors à Monsieur Bélier beaucoup de tact et de délicatesse s'il ne veut pas voir fuir Madame Poisson qui parviendra toujours avec grande peine à supporter les humeurs excessives de son Monsieur Bélier.